Phantasievolle
Scherenschnitte

W0089620

Bettina Preuß

Phantasievolle Scherenschnitte

Die Deutsche Bibliothek - CIP-Einheitsaufnahme
Phantasievolle Scherenschnitte / Bettina Preuss. Wiesbaden: Englisch, 1996
ISBN 3-8241-0663-9
© by F. Englisch GmbH & Co Verlags-KG, Wiesbaden 1996
ISBN 3-8241-0663-9

Alle Rechte vorbehalten.
Nachdruck, auch auszugsweise, verboten.
Fotos Axel Weber
Printed in Spain.

Die Ratschläge in diesem Buch sind von Autorin und Verlag sorgfältig erwogen und geprüft,
dennoch kann eine Garantie nicht übernommen werden. Eine Haftung der Autorin bzw. des
Verlages und seiner Beauftragten für Personen-, Sach- und Vermögensschäden ist
ausgeschlossen. Eine gewerbliche Nutzung der Vorlagen und Abbildungen ist verboten
und nur mit ausdrücklicher Genehmigung des Verlages gestattet.

Inhaltsverzeichnis

Vorwort   7

Material   8

Verschiedene Techniken   **11**
Grundtechnik   11
Faltschnitt   13
Stapelschnitt   14
Negativschnitt   16
Papier und Motiv   18
Miniaturen   19
Bewegung   21

Kinder- und Märchenwelt   **22**

Auf dem Bauernhof   **27**

Bunte Tier- und Zirkuswelt   **36**

Reise nach China   **44**

Blumen und Bäume   **47**

Musik und Tanz   **54**

Ostern und Weihnachten   **59**

Die Scherenschneiderin
Umfangreich gearbeitetes Rokokomotiv. Das Kleid wird mit sehr viel Aufwand geschnitten, ist aber prinzipiell nicht schwer, da immer wieder der gleiche Schnittablauf getätigt wird.

Vorwort

Scherenschnitt ist eine sehr alte, wundervolle Kleinkunst.

Sicher haben Sie auf Rummelplätzen oder Künstlermärkten häufig schon die Porträtschneider gesehen, die mit flinker Hand in Windeseile ihr Profil aus einem Stück Papier herausschneiden.
Das ist Scherenschnittkunst, aber nur eine sehr schwere, kleine Teiltechnik.

Scherenschnitt ist ein vielseitiges Hobby. Es gibt verschiedenste Techniken und viele Regeln und Pflichten, die Sie beim Erlernen beachten müssen. Dies sollte Sie aber nicht abschrecken, sondern motivieren, denn es wird Ihnen immer wieder etwas Neues und Schönes einfallen, das Sie schneiden können.

Ich werde Ihnen in diesem Buch die wichtigsten Techniken genau in Wort und Bild erklären, für jede diese Techniken betreffende Frage werden Sie hier Antwort und Hilfe finden.

Der große Galerieteil enthält viele Motive, die Sie zur Anregung und Motivierung nutzen sollten.
Arbeiten Sie langsam und konzentriert.
Zwingen Sie sich niemals dazu, etwas anzufangen oder zu beenden, wenn Sie weder Lust noch Zeit haben.

Sie sollten sich immer etwas Ruhe gönnen, wenn Sie schneiden, dann wirkt dieses Hobby sehr entspannend und beruhigend.

Versuchen Sie den Ausführungen im Buch Schritt für Schritt zu folgen, und der Erfolg ist Ihnen sicher.

Natürlich kann auch mal etwas reißen oder versehentlich abgeschnitten werden, dann seien Sie nicht allzu enttäuscht. Übung ist beim Scherenschnitt der einzige Weg zur Meisterschaft.

Legen Sie das Arbeitsobjekt für diesen Tag weg, beschäftigen Sie sich mit etwas anderem und beginnen Sie bei nächster Gelegenheit wieder da, wo Sie aufgehört haben.

Setzen Sie sich dann wieder an einen ausreichend hohen Tisch, schalten Sie eine gute Beleuchtung zu, und fangen Sie an.

Viel Spaß dabei wünscht Ihnen
Bettina Preuß

Material

Wenn Sie sich mit Scherenschnitt beschäftigen, brauchen Sie nicht viel an Materialien.

Das allerwichtigste natürlich ist die Schere. Die Qualität des Schnittes hängt sehr von der Schere ab, benutzen Sie ausschließlich sogenannte Silhouettenscheren, die im Fachhandel ab 25,– DM erhältlich sind. Achten Sie beim Kauf Ihrer Schere darauf, daß die Scherenspitze sehr fein zuläuft und die Schneide bis zur Spitze scharf ist. Weiterhin sollte Ihnen die Schere weder zu klein noch zu groß in der Hand liegen. Die ideale Größe liegt bei ca. 10 bis 12 cm. Die Schneiden sollten ohne sogenannte „Warte" geschliffen sein, d.h. ohne Kante, denn die-

se Warte verhindert ein sehr kleines Einstichsloch bei Innenschnitten. Eine Warte
wird häufig bei Nagelscheren angeschlif-
fen. Nehmen Sie sich vor dem Kauf Ihrer
Scherenschnittschere kurz Ihre Nagel-
schere heraus und sehen Sie sich an, wie
die Schneiden nicht beschaffen sein dür-
fen.

Prüfen Sie beim Kauf der Schere, ob die
beiden Flügel ohne „Hakeln" und Krat-
zen aneinander vorbeilaufen. Die Schere
muß sich ganz leicht bewegen lassen.
Haben Sie jetzt Ihre Schere sorgfältig

ausgesucht, sorgen Sie dafür, daß damit
ausschließich dünnes Papier geschnitten
wird.

Als Papier können Sie beidseitig
schwarzes Scherenschnittpapier oder
schwarzes Briefpapier benutzen. Das im
Handel erhältliche Scherenschnittpapier
ist einseitig schwarz. Die andere Seite
kann einfach weiß sein oder gummiert.
Ich empfehle Ihnen, bei diesem Papier
nur ungummiertes, mit weißer Rückseite
zu kaufen. Außerdem sollten Sie kein Papier verwenden, das mehr als 80 Gramm

Gewicht hat. Als weißes Papier können Sie einfaches Kopierpapier oder Schreibmaschinenpapier benutzen. Beachten Sie beim letzteren, daß es kein Wasserzeichen hat. Für farbige Schnitte empfehle ich Origamipapier. Dies ist dünn und in vielen Farben erhältlich.

Für besondere Techniken (siehe Technikteil, Kapitel „Papier und Motiv") können Sie auch Zeitungspapier oder Regenbogenpapier benutzen.

Zum Vorzeichnen auf schwarzem Papier nehmen Sie einen weißen Tafelstift, für weißes Papier einen Bleistift, dessen Härte zwischen HB und 2H liegen sollte. Weiterhin benötigen Sie einen weichen, nicht schmierenden Radiergummi, einen guten Anspitzer und ein Lineal.

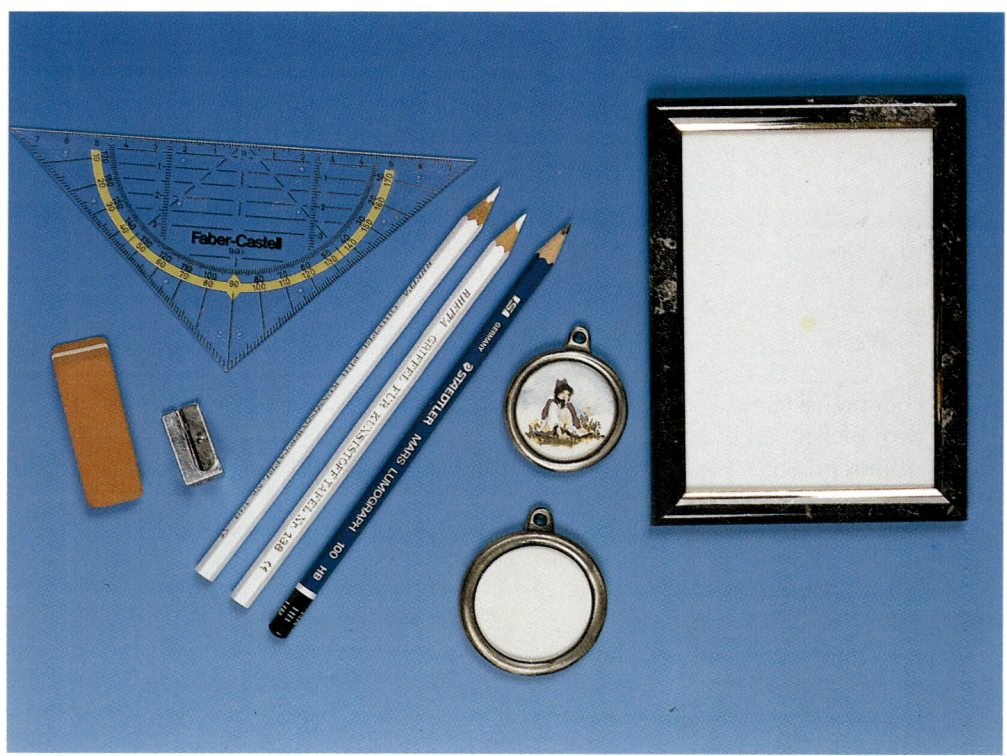

Verschiedene Techniken

Grundtechnik

Es gibt viele verschiedene Scherenschnitt-Techniken. Bevor Sie diese erlernen, müssen Sie aber die Grundtechniken, Regeln und Pflichten des Scherenschnitts beherrschen.
Wichtig ist, daß alle Bildelemente oder Motivteile zusammenhängen. Sie können keine schwebenden Teile schneiden. Jedes Bildelement ist mit dem Gesamtmotiv verbunden.

Falls Sie z.B. einen Mond oder Sterne für Ihr Motiv planen, müssen Sie diese durch einen Baum oder einen Bildrahmen mit dem Gesamtmotiv verbinden. Die Planung des Scherenschnitts ist der erste und wichtigste Schritt. Messen Sie die gewünschte Größe aus und denken Sie immer daran, daß der fertige Schnitt nach dem Zeichnen und Schneiden umgedreht wird, das Motiv liegt Ihnen seitenverkehrt vor.

Das ist sehr wichtig, falls Sie Schriftzeichen, Zahlen usw. schneiden wollen. Wenn die Planung des Motivs fertig ist, übertragen Sie es auf das Scherenschnittpapier. Bei beidseitig schwarzem Papier benutzen Sie dazu den Tafelstift, bei weißem oder teilseitigem Papier können Sie mit dem Bleistift arbeiten. Schneiden Sie jetzt überschüssiges Papier großzügig ab, so daß Sie nur das eigentliche, vorgezeichnete Motiv in der Hand halten. Beginnen Sie jetzt die Arbeit am Motiv. Schneiden Sie zuerst die Innenelemente aus, d.h. alle Papierstückchen, die herausfallen sollen. Erst wenn dies beendet ist, sollten Sie zu den Außenkonturen

übergehen. Um die kleinen Innenelemente ausschneiden zu können, müssen Sie die Schere in das betreffende Papierstück einstechen. Öffnen Sie die Schere dazu leicht und stechen die Spitze ganz sanft im rechten Winkel ins Papier. Besonders kleine Löcher erhalten Sie, wenn Sie den Zeigefinger der anderen Hand genau hinter die Einstichstelle halten.

Ausgehend von diesem Einstichsloch können Sie das Papierstück herausschneiden. Nach Abschluß aller Innenschnitte können Sie dem Motiv die gewünschten Außenkonturen geben. Schneiden Sie dazu entlang der vorgezeichneten Konturen.

Danach wird der fertige Schnitt umgedreht und seitenverkehrt aufgeklebt. Soll der Schnitt in einen Bilderrahmen gefaßt werden, brauchen Sie ihn nur punktuell anzukleben. Die Glasscheibe des Bilderrahmens verhindert, daß der Schnitt wellig wird, und die wenigen Klebestellen verhindern ein Verrutschen des Werkes.
Haben Sie Ihren Scherenschnitt als Schmuck für eine Postkarte oder ein Lesezeichen geplant, muß er komplett aufgeklebt werden. Betupfen Sie dazu die Rückseite vorsichtig mit dem Klebestift. Die Klebefläche wird dann sorgfältig auf Ihre vorbereitete Postkarte o.ä. festgedrückt.

Vergessen Sie abschließend nicht, Ihren Scherenschnitt zu signieren. Eine kleine Signatur mit Datumsangabe macht jeden Schnitt zum persönlichen Kunstwerk und sieht zudem noch edel aus.

Hier können Sie sehen, wie das Motiv nach der Fertigstellung aussieht.

Faltschnitt

Bei dieser Technik werden zwei Lagen Papier gleichzeitig bearbeitet. Sie bilden nach Beendigung des Schnittes zusammen das Motiv. Falten Sie dazu das Scherenschnittpapier so, daß zwei gleich große Stücke Papier übereinanderliegen. Streichen Sie die Faltkanten glatt, und zeichnen Sie Ihre Motivhälfte auf. Beachten Sie dabei, daß die Motivelemente bis an die Faltkante heranreichen müssen, da dort die Verbindung zur zweiten Motivhälfte hergestellt wird. Das vorgezeichnete Motiv wird sich auf dem unteren Papierstück nach dem Schneiden spiegelverkehrt wiederholen.

Der Schmetterling
Ein Faltschnitt mit zahlreichen Innenschnitten.

Vom Faltschnitt gibt es viele abgeänderte Varianten. Der Rosettenschnitt ist die bekannteste von allen. Hierbei werden mehr als zwei Papierlagen gleichzeitig geschnitten. Sie falten das Papier mehrmals, solange bis max. acht Lagen Papier übereinanderliegen. Je mehr Lagen, desto schwerer wird es, saubere Schnittkanten und kleine Einstichslöcher zu machen.

Beim Rosettenschnitt haben Sie mindestens zwei Faltkanten. Diese müssen sorgfältig glatt gestrichen werden, bevor Sie mit den Schneidearbeiten anfangen können. Das Motiv muß in diesen Fällen natürlich bis an beide Faltkanten herangezeichnet werden.

Achten Sie beim Schneiden auf sauberes Einstechen der Schere. Je mehr Papierlagen, desto schwerer wird das Schneiden. Halten Sie die Lagen mit der freien Hand gut fest, damit Ihnen das Papier nicht verrutscht. Dabei kann das Papier leicht reißen.

Schneiden Sie bei dieser Technik zuerst alle Innenschnitte, erst wenn die Innenelemente sorgfältig herausgeschnitten wurden, können Sie Ihrem Motiv die äußere Form geben.

Nach Beendigung der Schneidearbeiten wird das Motiv vorsichtig auseinandergefaltet. Die einzelnen Lagen Papier sind an den Faltkanten verbunden und ergänzen sich jetzt zu einem Gesamtmotiv. Nun werden nur noch die Faltkanten des Motivs vorsichtig geglättet. Beim normalen Faltschnitt haben Sie diese Kante nur in der Mitte Ihres Motivs, beim Rosettenschnitt mehrere in regelmäßigen Abständen.

Ornamente
Ein Faltschnitt mit vielen Bögen und Kreisen. Sehr gut geeignet, um sich in dieser Technik zu üben.

Stapelschnitt

Der Stapelschnitt ist eine weitere Variante des normalen Faltschnitts. Hierbei werden die Papierlagen wie eine Ziehharmonika gefaltet. Das fertige Motiv wiederholt sich dabei mehrmals in Serie.

Nehmen Sie dazu Ihr Blatt Papier und falten es in gleichgroßen Abständen wie eine Ziehharmonika. Achten Sie darauf, nicht mehr als acht Lagen Papier übereinander zu falten.

Wie beim Rosettenschnitt liegen jetzt

rechts und links Faltkanten vor, die sorgfältig geglättet werden müssen. Anders als beim Faltschnitt wird jetzt das ganze Motiv auf die Vorderseite aufgezeichnet. Sie müssen bei der Motivplanung eine Möglichkeit finden, das Motiv bis an die Faltkanten heranzuzeichnen, denn nur, wenn hier an den Kanten eine durchgehende Ebene entsteht (z.B. ein Boden), ist es gewährleistet, daß am Ende die verschiedenen Motivelemente miteinander verbunden sind.

Die Papierlagen sollten grundsätzlich nicht breiter sein als das Motiv, sonst entstehen nachher freie Flächen zwischen den Motivelementen – es sei denn, dies ist so beabsichtigt.

Sind Sie mit den Zeichenarbeiten fertig, können Sie mit dem Schneiden beginnen. Stechen Sie Ihre Schere sorgfältig durch alle Schichten des Papiers, und schneiden Sie gleichzeitig und sauber alle Lagen.

Nach den Innen- und Außenschnitten wird der Stapelschnitt auseinandergefaltet. Das vorgezeichnete Motiv ist nun über die Faltkanten mit den anderen Papierlagen verbunden. Es wiederholt sich jetzt immer wieder spiegelverkehrt zum vorherigen Motivelement.

Diese Technik ist eine einfache Möglichkeit, lange, hintereinanderhängende Motivketten zu bilden. Sie können als Fensterschmuck oder auf Karten und Briefpapier schön dekorativ genutzt werden.

Partymotiv
Für eine Einladung zu Silvester oder einem Geburtstag.

Filigranes Blumenmotiv
Wirkt gut als Umrandung von Briefpapier oder auf Einladungskarten.

Pinguin-Eisscholle
Dieser Stapelschnitt ist sehr schön als Kinderzimmerschmuck oder am Fenster.

Negativschnitt

Negativschnitte bestehen nur aus Innenschnitten. Die Außenkonturen, die sonst
sehr wichtig für ein Motiv sind, fallen bei
dieser Technik völlig weg. Sie müssen
dabei Ihrem Blatt Papier ordentliche, saubere Kanten schneiden oder – nach
Wunsch – kunstvoll gestaltete Ränder
verleihen.

Ihr Motiv besteht nur aus Innenelemen-
ten. Das bedeutet, daß Sie Ihren Motiv-
aufbau ganz anders planen müssen,
denn die herausgeschnittenen Elemente
ergeben nachher Ihr Motiv.

Zeichnen Sie Ihr Motiv vor, und achten
Sie wieder darauf, daß Elemente, die ste-
henbleiben sollen, eine Verbindung zum
Motivrand haben. Wichtig ist, daß alle
Motivteile zusammenhängen und sich ergänzen. Diese Technik ist schwer, und
man muß sich erst einmal an diese geän-
derte Sichtweise gewöhnen, daher sollten
Sie zuerst großflächig arbeiten. Die klei-
neren Motive können Sie arbeiten, wenn
Ihnen diese Technik vertrauter geworden
ist.

Besonders schön wirken Schnitte, die Ne-
gativ- und klassische Grundtechnik miteinander kombinieren. Wie beim Faltschnitt wird die eine Motivhälfte mit In-
nen- und Außenkonturen geschnitten.
Die andere, anhängende Hälfte wird als
Negativ geschnitten, d.h. ohne Außenkonturen.

Ornamente
Gelungene Kombination aus Negativschnitt und Grundtechnik.
Sie müssen entweder sehr gut zeichnen
können oder sich eine Schablone von einer Motivhälfte anfertigen.

Alter Mann
Ein ganz typischer Negativschnitt.
Die Elemente des Gesichts wirken nur in der Gesamtheit, einzeln würden sie kein Motiv ergeben.

Sonne und Mond
Ein Negativschnitt, der beide Himmelsgestirne miteinander vereint.

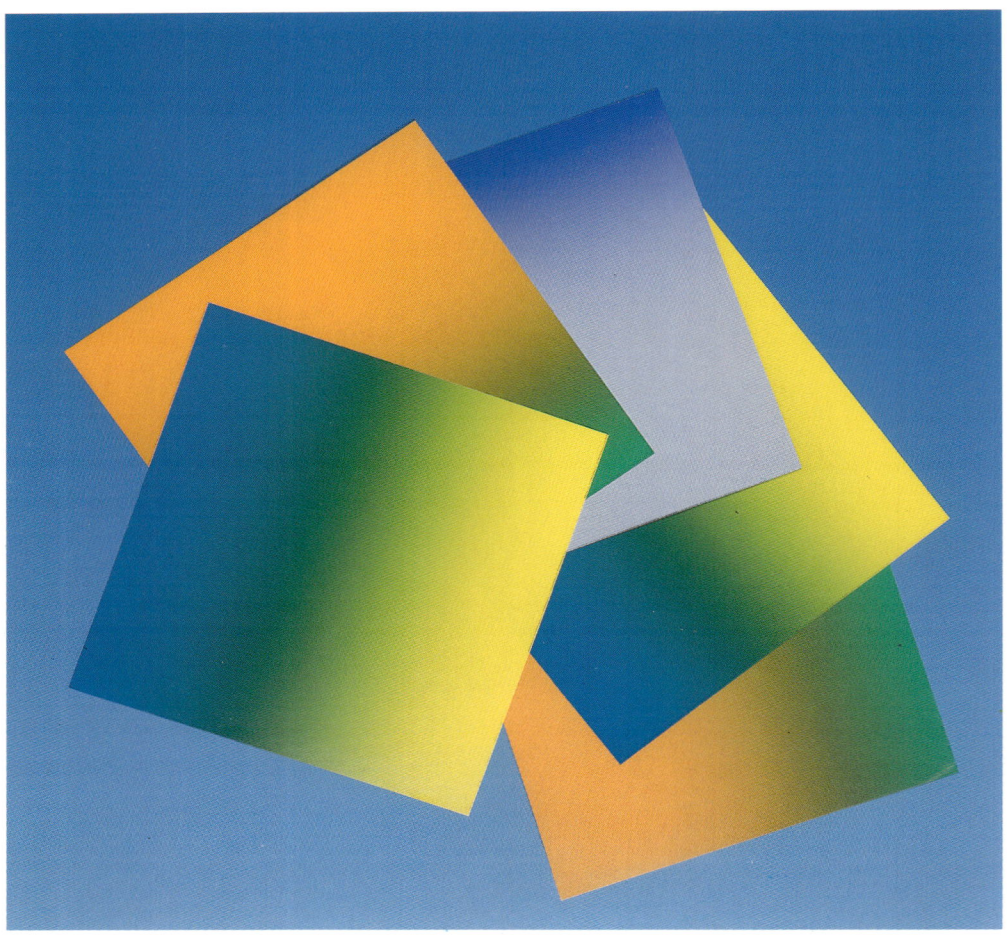

Papier und Motiv

Bei dieser – recht ausgefallenen – Technik ergibt die Kombination von Papier und Motiv eine besondere Aussage.

Die Verbindung sollte über einen Hintergedanken, den Inhalt eines Scherenschnitts, hergestellt werden.

Als Anleitung können Sie alle bisher erklärten Techniken benutzen.
Sie können z.B. einen zeitungslesenden Mann aus Zeitungspapier schneiden. Die

Aussage des Schnitts wird dadurch unterstützt.

Ebenso ist es möglich, mit farbigem Papier die Wirkung des Motivs hervorzuheben. Schneiden Sie z.B. Lippen aus rotem Papier oder eine Wiese aus grasgrünem Papier. Sehr schön wirkt auch ein bunter, exotischer Vogel aus Regenbogenpapier. Einen direkten Zusammenhang können Sie durch aufgedruckte Wörter und Motive herstellen, beispielsweise durch einen Hasen aus Zeitungspapier, auf dem „Frohe Ostern" steht.

Der zeitungslesende Mann
Hierfür wurde Zeitungspapier benutzt. Sowohl der Hintergrund als auch der Inhalt des Schnittes werden dadurch hervorgehoben.

Grüne Wiese
Das grüne Papier unterstützt die Wirkung des Motivs.

Miniaturen

Beim Scherenschnitt geht die Tendenz zu besonders kleinen und doch ebenso sauber und genau gearbeiteten „Minischnitten".

Diese sollten alle Motivelemente des großen Schnitts enthalten, aber entsprechend auf die Größe des Gesamtmotivs verkleinert.

Diese Technik ist nur etwas für Fortgeschrittene und Könner, was Sie allerdings nicht abschrecken sollte, denn Scherenschnitt ist eine Frage der Übung.

Sie sollten daher für diesen Schwierigkeitsgrad besonders häufig das möglichst kleine Einstechen und das Herausschneiden von minimalen Papierstücken üben. Die Schnittkanten sollten dabei genauso sauber sein, wie bei einem großen Arbeitsobjekt.

Miniaturen sind besonders schön auf Briefpapier oder Tischkarten. Sie können die kleinen Schnitte auch in Bilderrahmen fassen und eine Scherenschnitt-Bilderwand aus Miniaturen zusammenstellen.

Miniaturen

Die kleinen Motive sind ebenso schwer und umfangreich wie die großen. Sie erfordern eine ruhige Hand und ein bißchen Mut zum „ganz kleinen".

Lesezeichen

Sie können Ihre eigenen, persönlichen Lesezeichen erstellen. Entwerfen Sie zuerst ein kleines Motiv, schneiden Sie es aus und kleben es dann mit einem Klebestift vorsichtig auf.

Postkarten

Sie können kleine Schnitte auf Postkarten kleben und sie dann verschicken.

Bewegung

Bewegung in einen Schnitt zu bringen heißt, Figuren oder Gegenstände so zu schneiden, daß dem Betrachter der Eindruck vermittelt wird, das Motiv könne sich jeden Moment verändern.

Das ist bei Menschen und Tieren sehr schwer.

Die Proportionen und Körperhaltungen müssen bei den Figuren genau stimmen. Sie wirken bei den kleinsten Fehlern hölzern und unecht.

Bewegungen können sowohl Figuren selbst, d.h. Menschen und Tiere, als auch bewegte Gegenstände vermitteln, z.B. Wäsche, die auf einer Leine hängt und vom Wind bewegt wird. Bei großen Be-

wegungen, wie z.B. beim Galopp eines Pferdes, müssen Sie auch eine großzügige. offene Körperhaltung zeichnen.

Sehr gut wirken auch mehrere, normalerweise hintereinander ablaufende Bewegungsvorgänge, dargestellt in einem einzigen Schnitt.

Als Beispiel: Ein Pferd galoppiert an, um ein Hindernis zu überspringen. Sie könnter erst das stehende Pferd, dann das galoppierende und dann das Tier im Absprung darstellen.

Direkt hintereinandergezeichnet kann der Betrachter die Bewegungsabläufe nachvollz ehen und erhält das Gefühl für die Bewegung.

Kinder- und Märchenwelt

Teddy

Ein typisches Kinderzimmermotiv.
Der leicht gebogene Bauchstrich er-
zeugt eine runde Wirkung.

Arche

Ein schönes Kinder-
motiv.
Mit spielenden, lusti-
gen Tieren können
Sie die biblische Ge-
schichte leichter er-
zählen.

Spielende Kinder

Die Körperhaltung und die fliegenden
Haare vermitteln Bewegung.

Ritterburg

Ein umfangreiches Motiv.
Viele gerade, feine Linien
sind zu schneiden. Es wirkt
durch den Kontrast zum
dunklen Untergrund.

Puppenhaus

Wunderschöner Gebäudeschnitt.
Sie könnten auch noch Mauerwerk gestalten und damit den Schnitt erweitern.

Brüderchen und Schwesterchen

Ein Märchen der Gebrüder Grimm. Das Motiv ist nur auf die wesentlichen Bestandteile begrenzt. Es gibt nur sehr wenige kleine Innenschnitte.

Zwerge

Einfacher Anfängerschnitt mit
wenigen Innenschnitten.

Froschkönig

Auch bei diesem Motiv wurden nur die wichtigsten Inhaltspunkte dargestellt. Natürlich
können Sie das Motiv noch erweitern, z.B. mit
einem Baum oder einer Kutsche.

Rotkäppchen

Der Wolf wurde
ganz in Schwarz
gehalten, um eine
dunkle, unheimli-
che Wirkung zu er-
reichen. Das Kind
dagegen wirkt
durch viele Innen-
schnitte hell und
rein.

Einhorn

Wunderschöne, filigrane
Darstellung einer Sagen-
gestalt.

Elfe

Dieser zarte Schnitt erfordert viel Übung
und sollte nur von Fortgeschrittenen ver-
sucht werden.

Auf dem Bauernhof

Bauernhof

Der Bauernhof mit Mühle ist ein einfaches Anfängermotiv.

Bauer

Als Einzelmotiv sehr schön.
Schneiden Sie alle Bauernhofmotive, die
Ihnen einfallen, und ordnen Sie diese –
einzeln gerahmt – rund um das Haupt-
haus zu einer Bilderwand an.

27

Schnecke

Schön gemustert und so naturgetreu wie möglich. Für die Innenschnitte müssen Sie etwas Geduld aufbringen.

Hummel

Um die Zartheit der Flügel darzustellen, müssen Sie die unteren und oberen Flügel überlappend zeichnen.

Entenkind

Niedlicher, einfacher Anfängerschnitt.

Igel

Die Innenschnitte am Körper sind sehr klein und zahlreich. Falls Sie die Geduld verlieren, legen Sie den Schnitt weg und fangen nach einiger Zeit wieder an.

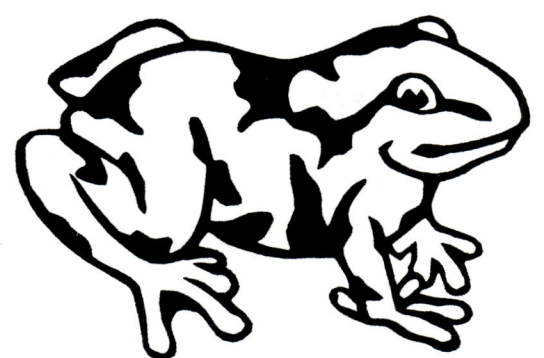

Frosch

Das Motiv ist sehr naturgetreu gehalten.
Das Auge wurde über die Körper-
flecken mit dem Gesamtmotiv verbunden.

Kuh

Die Kuh ähnelt einer Co-
miczeichnung.
Die großen Augen der Kuh
und der relativ kleine Bau-
er erzeugen eine lustige
Wirkung beim Betrachter.

Hahn

Ein schöner, umfangrei-
cher Schnitt. Die
Schwanzfedern erfordern
viel Übung.

Schwein

Sie können dieses Motiv mit dem Bauern oder der Kuh kombinieren. Wählen Sie dazu eine gemeinsame Grundlinie.

Katze

Die aufrechte Haltung und die hochgestellten Ohren vermitteln dem Betrachter den Eindruck, das Tier höre aufmerksam zu.

Vogelhäuschen

Der Schnitt ist sehr filigran. Sie können das Motiv auf einem Kopierer vergrößern und erst in einer größeren Ausführung versuchen.

Neugierde

Der durchgehende Untergrund gibt
dem Schnitt Stabilität.

Wütende Katze

Einfacher Schnitt, fast ohne Innenschnitte.

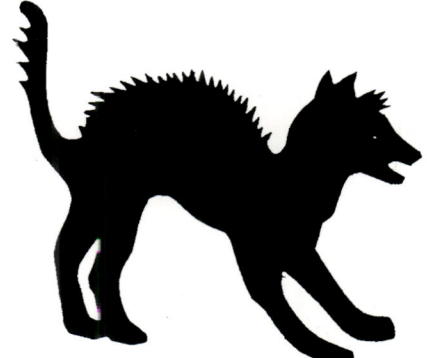

Katze mit Milchtopf

Der Topf wird durch die gemeinsame
Grundlinie ins Motiv integriert.

Katze mit Wollknäuel

Einfacher Anfängerschnitt. Das Katzenge-
sicht ist sehr leicht zu gestalten.

31

Schnauzer

Einfacher Grundtechnikschnitt.

Hund

Das Auge wurde mit dem Ohr verbunden und dieses wiederum mit dem Kopf. So wurden alle Elemente zu einem Gesamtmotiv.

Hundewelpe

Lustiges Kindermotiv. Wichtig ist eine Verbindung zwischen dem Auge und dem Ohr, sonst würde das Auge herausfallen.

Dackel

Der Hund der Jäger. Sie können durch einen kleinen Punkt im Auge den Eindruck eines „aufmerksamen Blickes" erreichen.

Yorkshireterrier

Für die Innenschnitte an Schwanz und Kopf brauchen Sie etwas Geduld, aber ansonsten ist dies ein einfaches Motiv.

Wäscheleine

Ein typisches Bild für zu Hause. Sie können es m t dem „Bauernhaus" oder einem anderen Gartenmotiv kombinieren. Dies ist auch ein schönes Übungsbeispiel, um „Bewegung" in einen Schnitt zu bringen.

Gießkanne

Ein Gartenmotiv. Sie könnten den Schnitt auch durch weitere Blumen oder andere Motivelemente (z.B. einen Gartenzaun) ergänzen.

Teekanne

Sie können das Motiv mit Tassen, einem Tisch oder teetrinkenden Menschen erweitern.

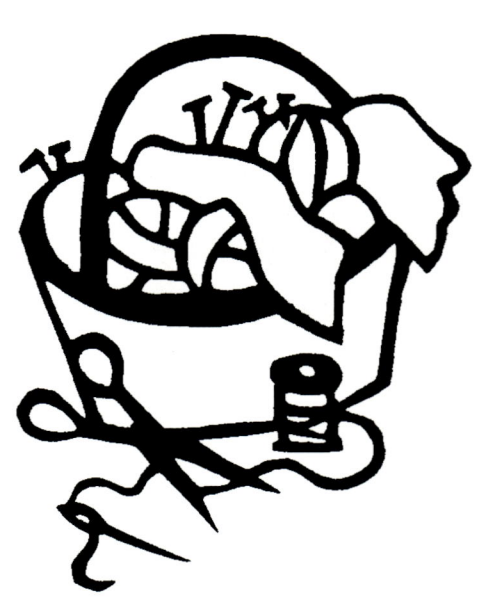

Nähkorb

Alle nötigen Utensilien fürs Nähen und Stopfen sind vorhanden.

Backutensilien

Ein schönes Motiv für eine Küchenecke oder als Geschenk für einen Kuchenfan.

Das weiße Schaf

Die Technik des Schnitts ist einfach, aber das Motiv ist ein Geduldsspiel.
Der Baum hat viele, zarte Innenschnitte und dürre Stengel. Lassen Sie sich nicht abschrecken, nur Übung macht den Meister!

Bunte Tier- und Zirkuswelt

Kolibri

Das Motiv wirkt trotz der wenigen Innenschnitte schwer. Kompliziert sind aber nur die möglichst geraden, oben abknickenden Flügelschnitte.

Adler

Der König der Lüfte wird sehr einfach dargestellt. Die Schnittechnik ist leicht und gut für Anfänger geeignet.

Elefant

Beim Zeichnen wurden nur die wichtigsten Merkmale des Tieres verwendet. Der Schnitt wirkt massig und kompakt.

Fisch

Dieser Fisch ähnelt den Süßwasser-
fischen aus einem Aquarium. Die
inneren Flecken waren nötig, um
das Auge und die seitlichen Flossen
miteinander zu verbinden.

Seepferdchen

Auch in der Natur ist dieses Tier klein
und zerbrechlich.
Der Schnitt ist schwer, da der Rückenteil
keine Schrägverbindung zum vorderen
Motiv hat. Er kann beim Schneiden sehr
leicht reißen. Vorsicht und langsames Arbeiten sind geboten.

Seejungfrau

Der Körper ist sehr aufwendig gearbeitet.
Sie können den Schnitt noch erweitern,
indem Sie noch weitere Fische hinzufü-
gen.

Muschel

Bei diesem Motiv ist es sehr wichtig, daß
die Innenschnitte die Richtung ändern. So
entsteht der Eindruck von Dreidimensio-
nalität.

Karussell

Die Details des Schnitts wurden sehr genau herausgearbeitet. Dieses Jahrmarkt- oder Zirkusmotiv eignet sich gut für Einladungen zum Kindergeburtstag oder als Fensterbild.

Rummelplatz

Der Schnitt ist von der Technik her sehr einfach.
Die vielen kleinen Innenschnitte erfordern viel Ruhe und langsames Arbeiten.

Eis/Popkorn

Zartes Motiv für Anfänger.
Eine schöne Ergänzung zu anderen Zirkusmotiven.

Zauberzylinder

Die Vögel wollen wegfliegen, was ihnen aber nicht gelingt, da alle Elemente zusammenhängen.

Clown

Das Netz ist sehr aufwendig zu arbeiten. Wenn Sie als Anfänger dieses Motiv schneiden wollen, können Sie entweder die meisten Innenschnitte weglassen oder dem
Clown etwas anderes in die Hand geben, z.B. ein Schild.

Teddy

Wunderschönes Kinderzimmermotiv. Die Grashalme verbinden den Fuß des Bären mit dem Untergrund. Durch die Zwischenräume entsteht der Eindruck, daß der Teddy von den Ballons hochgezogen wird.

Reise nach China

Die Reisenden

Da dieses Motiv nun sehr wenige Innenschnitte hat, müssen die Außenkonturen
sehr ausdrucksvoll gezeichnet werden,
um damit Komik oder Ironie zu vermitteln.

Chinesisches Motiv

Hier ist ein typisches
chinesisches Motiv
dargestellt. Die Chine-
sen verarbeiten häufig
Alltagssituationen und
-arbeiten in ihren
Scherenschnitten.

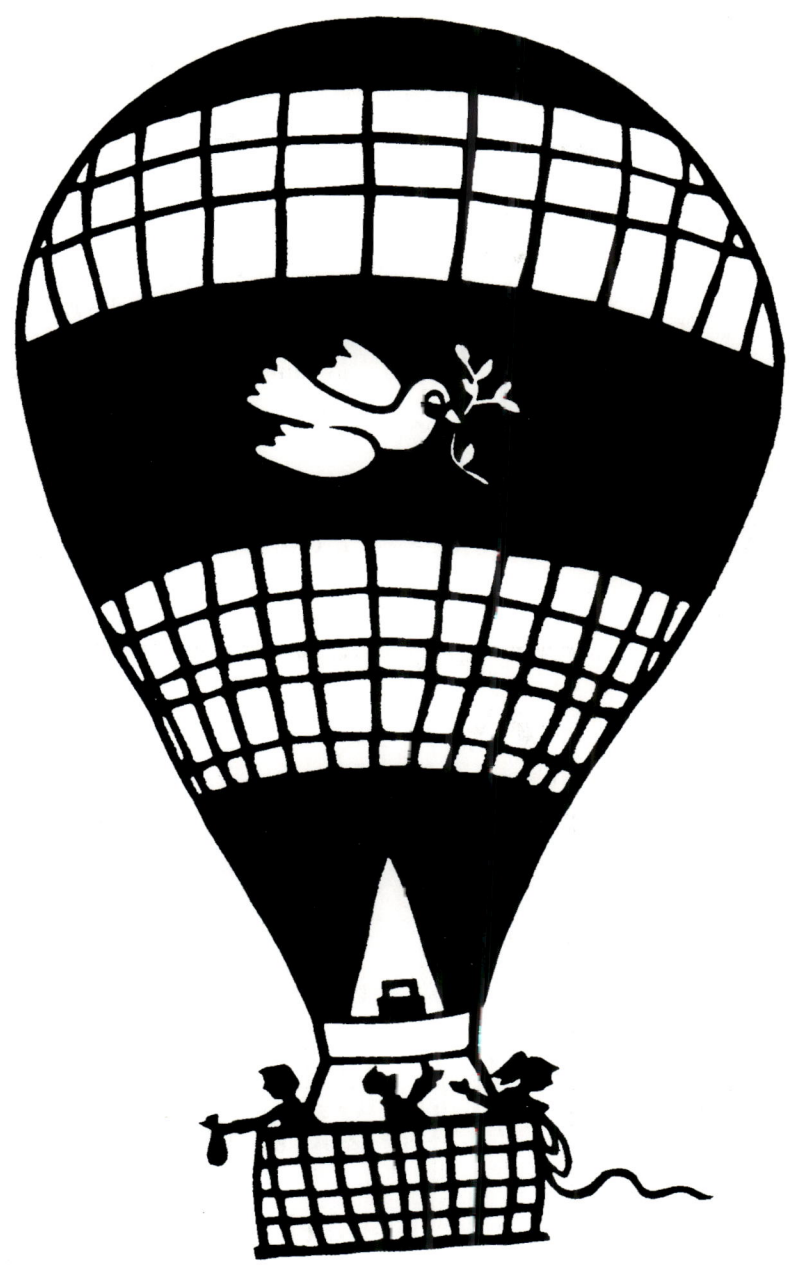

Fesselballon

Moderner Schnitt mit vielen, geraden Innenschnitten.

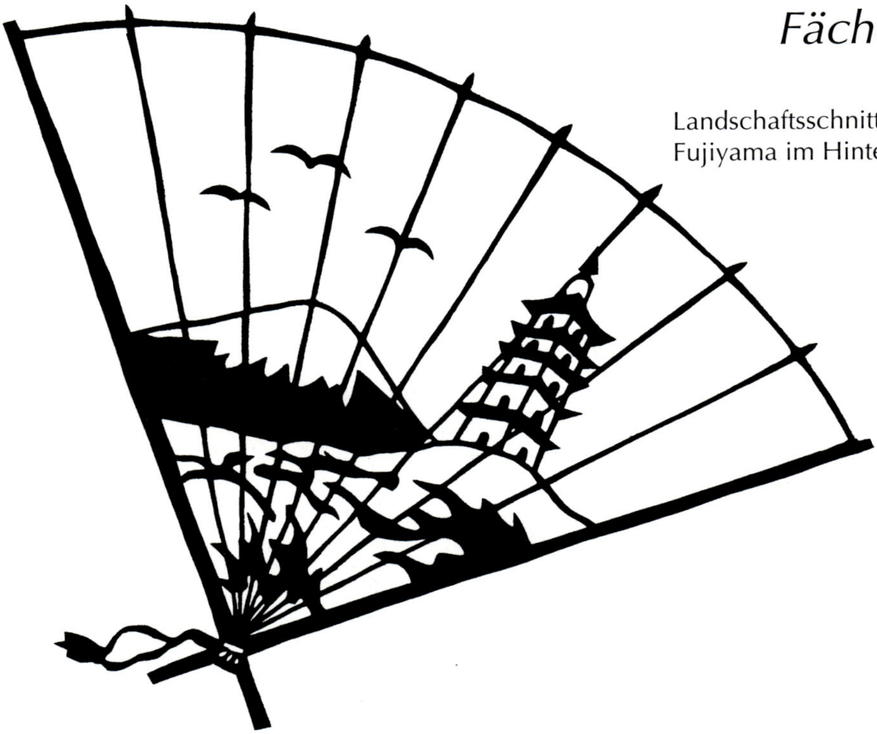

Fächer

Landschaftsschnitt mit dem
Fujiyama im Hintergrund.

Drache

Viele der chinesischen Schnitte beschäftigen sich mit diesem Fabelwesen.

Blumen und Bäume

Lesendes Pärchen

Ein Baum steht in der Mitte und lockert die kompakten Figuren auf.

Windgepeitschter Baum

Ein gutes Motiv, um feine Linien und Innenschnitte zu üben.

Laubbaum

Die freien Flächen und die dunklen Blätter stehen in einem guten Kontrast zueinander.
Der Baum wirkt sehr natürlich.

Orchideenblüte

Schöner, floraler Schnitt.
Die Wirkung wird durch die
Schwarz-Weiß-Kontraste der Blät-
ter erzielt.

Maiglöckchen

Alle Innenflächen wurden ausgeschnit-
ten. Es sind nur die Zeichenlinien stehen-
geblieben. Das Motiv wirkt dadurch sehr
zerbrechlich und empfindlich, ähnlich
wie Maiglöckchen in der Natur.

Blumenkorb

Schwer, reißt leicht, sehr filigran
mit vielen Innenschnitten.
Alle diese Aussagen treffen hier
zu. Dieser Schnitt ist nur für fortgeschrittene Scherenschnitt-
künstler. Beim Schneiden vorsichtig und langsam vorgehen!

Rosen

Ein moderner, abstrakter Schnitt.

Zarter, floraler Schnitt. Durch die abgerundeten Blätter wirkt der Blütenkopf fast dreidimensional.

Rosenherz

Die herzförmig angeordne-
ten Rosenblüten sind als Negativ geschnitten, während
die Blätter positiv sind. Eine
gelungene Komposition
zweier Technikarten.

Rosenzaun

Ein schöner, floraler
Schnitt. Die Innenar-
beiten sind sehr um-
fangreich. Arbeiten Sie
möglichst von links
nach rechts.

Baum

Ein Faltschnitt mit vielen Motiveinzelteilen.
Im Baum kann man Tiere erkennen. Sie bilden zusammen das Blattwerk.

Musik und Tanz

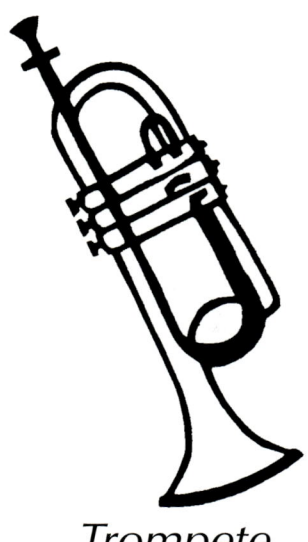

Trompete

Waldhorn

Ein Motiv für Musikfreunde.

Ein schönes Motiv für Jagdliebhaber und Musikfans.

Dirigent

Note

Hierbei wurden dem Schnitt die Außenkonturen einer Note gegeben und der gesamte Innenraum mit kleinen Noten gefüllt. Beachten Sie, daß Sie das Motiv zuerst spiegelverkehrt aufzeichnen müssen.

Notenblatt

Schwerer Schnitt, an den sich nur Fortgeschrittene wagen sollten. Wichtig ist, daß Sie die Noten und den Schlüssel spiegelverkehrt zeichnen.

Notenschlüssel

Die strengen Linien des Notenblatts werden durch die Blüte und die Vögel aufgelockert.

Rokokopaar

Trotz des kleinen Gesamtumfanges enthält der Schnitt viele schwere Passagen. Der Rock und die Weste werden sehr fein geschnitten.

Frauenkopf

Ein typisches Jugendstilmotiv. Alle Linien sind gebogen und abgerundet.

Schlichtes Paar

Der Schnitt lebt von den Außenkonturen.
Geben Sie dieses Motiv möglichst in einen
schwarzen, ovalen Rahmen.

Ostern und Weihnachten

Osterei

Ein kunstvoller, sehr umfangreicher Negativschnitt.

Osterkorb

Filigrane, sehr zerbrechliche Arbeit.

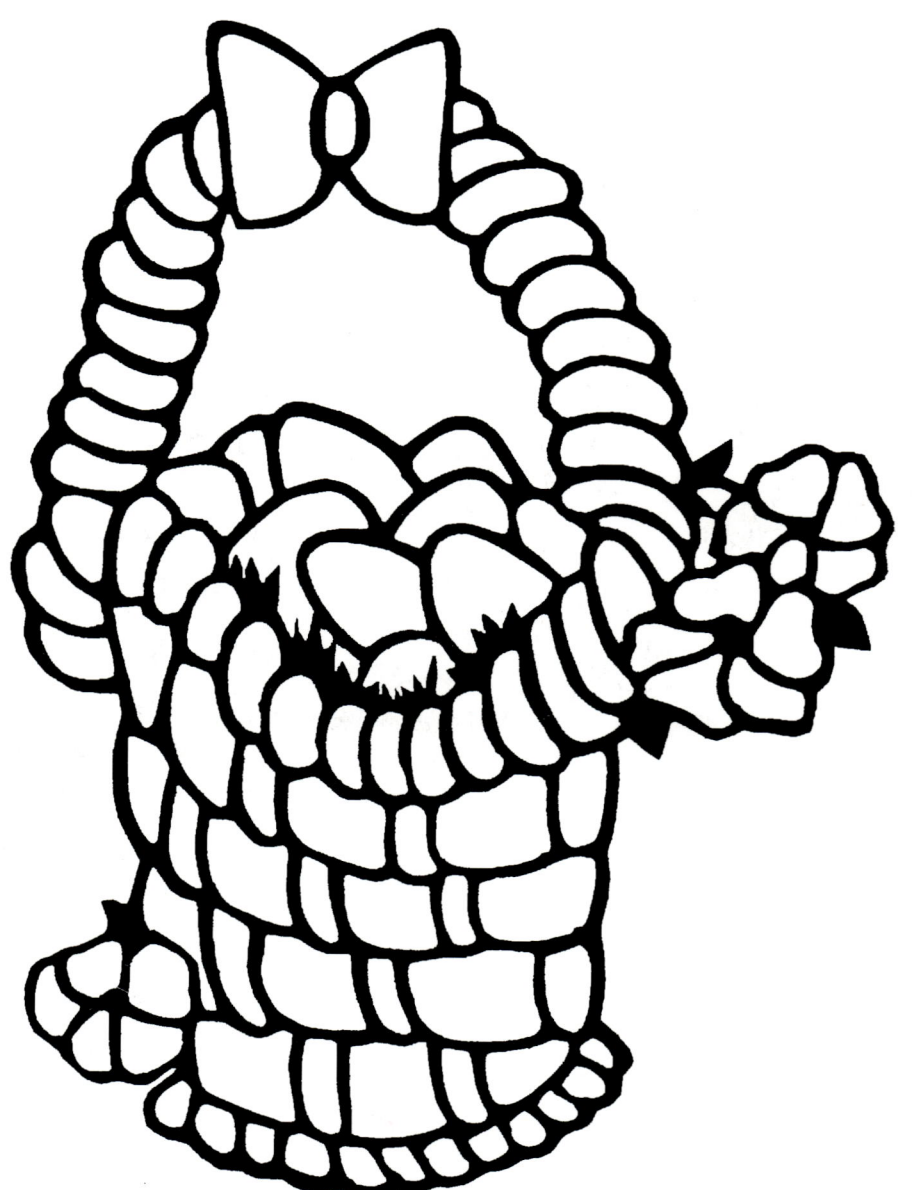

Eierlieferant

Ein Ostermotiv. Die Gesichtszüge sind mit der Nase an das Gesamtmotiv gebunden.

Weihnachtsborte

Dieses Motiv eignet sich sehr gut für einen Stapelschnitt. Allerdings benötigen Sie dafür sehr großes Papier. Es wirkt sehr schön als Fensterumrandung.

Krippenmotiv

Der Bogen dient als Rahmen für das Motiv. Er hat die Funktion, den Stern an das Gesamtmotiv zu binden und vermittelt - quasi als Ersatz für die Hütte – Geborgenheit.

Schneemotiv

Ein Negativschnitt. Der Betrachter hat den Eindruck, durch ein kleines Fenster in eine verschneite Winterlandschaft zu blicken.

Eine Auswahl aus unserem Gesamtprogramm

ISBN 3-8241-0601-9
Broschur, 64 Seiten

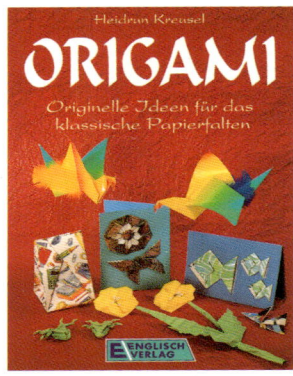

ISBN 3-8241-0562-4
Broschur, 64 Seiten

ISBN 3-8241-0580-2
Broschur, 64 Seiten

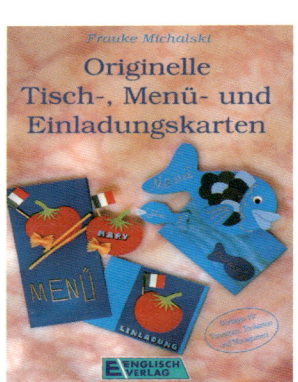

ISBN 3-8241-0565-9
Hardcover, 64 Seiten

ISBN 3-8241-0410-5
Hardcover, 64 Seiten

ISBN 3-8241-0571-3
Hardcover, 64 Seiten

ISBN 3-8241-0582-9
Hardcover, 64 Seiten

ISBN 3-8241-0615-9
Broschur, 32 Seiten

ISBN 3-8241-0666-3
Broschur, 64 Seiten